BIRTHDAY WORD SEARCH

HAPPY
BIRTHDAY
TO YOU.....

_____

_____

_____

_____

freedompuzzles.com
amazon.com/author/freedompuzzles

ONE

HAPPY
BIRTHDAY
TO YOU HAPPY
BIRTHDAY TO
YOU HAPPY
BIRTHDAY DEAR
HAPPY BIRTHDAY
TO YOU
MAKE
A WISH
AND BLOW
OUT THE
CANDLES
WELL DONE
CONGRATULATIONS

HAPPY BIRTHDAY

```
Y P P A H U O Y O T W J E D W Z L
K R A R W L Y Q E N O D L L E W I
J C O N G R A T U L A T I O N S X
D O Y A D H T R I B Y P P A H I E
Y B G Q K I U L F O T K H S I W A
O I B I R T H D A Y D E A R H W T
U R C U A A Q Y Y C A N D L E S K
H T L W U O Y O T R T N H B J L N
A H P Z O H T K M Q T A Q Y C W U
P D Y F C L I C K W P J V E T C Y
P A T F O X B B Y P C C J A D A A
Y Y Y E U W J D Y C N R O D D Q V
I T G W T P E H N P C Y X H T N J
R O I A T Q O S C A E J T T Y M Y
F N W K H J T P H K B R T U Y W E
V Q P B E W K B A E I V L F U W A
Y D R V T M H M U B M N R X U W E
```

TWO

BIRTHDAY
CELEBRATION
DRESS
DONE
FORTY-FIFTH
GARDEN
JOHN F
KENNEDY
MADISON
MARILYN MONROE
PRESIDENT
SONG
SQUARE
THANK YOU
WINNING

MR PRESIDENT

```
L D Y E O R N O M N Y L I R A M N
R S Z R Q M Y O R J M X P P E A F
D Q Y L L Z L K A A A N C R V K Q
P U G C J H F O R T Y F I F T H E
R A P G L D Z N D L U F B I L H V
E R G R E S N S T H A N K Y O U N
S E J E U I F Y O F V Q M Q K E L
I W I N N I N G X T R F M N D I U
D F D F H E M S X G N O S R O C J
E Y A D H T R I B U L V A N I C O
N R B N X I M M A E G G N O K E H
T T U J L R P S S E R D R Y N U N
G H E T S E R I K F L P F O S X F
F Y V G Y S E M U D K Z D V S B T
W B N O I T A R B E L E C X C G H
G L T Z O X W M E N O S I D A M Z
S D P Y I X R K Y D E N N E K P J
```

TWO

THREE

AL CAPONE
AL JOLSON
ALBERT EINSTEIN
BABE RUTH
BEBE DANIELS
BUSTER KEATON
CHARLES CHAPLIN
CHARLES LINDBERGH
COCO CHANEL
DOUGLAS FAIRBANKS
GLORIA SWANSON
GRETA GARBO
HAROLD LLOYD
JACK DEMPSEY
RUDOLPH VALENTINO

REMEMBER THE 1920s?

```
Z Z S B T W X C M X P H X I P Z D
C W X U D O V H H Z S A X R L T A
R P Z M O N M A W I E R N X C V C
O D N I U I J R P J B O I N D S H
J V H B G T A L O F U L E O H I A
A R T E L N L E J W S D T S I U R
C J Y B A E C S O O T L S N M U L
K T F E S L A L B L E L N A L J E
D M Z D F A P I R E R O I W H U S
E W D A A V O N A N K Y E S T N C
M D S N I H N D G A E D T A U O H
P B C I R P E B A H A I R I R S A
S Q U E B L U E T C T P E R E L P
E F O L A O B R E O O T B O B O L
Y D F S N D H G R C N V L L A J I
Z U H N K U J H G O P I A G B L N
G Z D I S R E H K C Q J N J G A Q
```

THREE

FOUR

ACTUAL
APRIL
BIRTHDAY
BIRTHDAY PARADE
ELIZABETH
GUN SALUTES
HYDE PARK
JUNE
NOON
OFFICIAL
QUEEN
ROYAL
SATURDAY
SECOND
TOWER OF LONDON

TWO BIRTHDAYS

```
G T H P L P B F Y D V Z N D S R P
U O R E Z X A C T U A L E O N F E
N W I Q D J N B S C B Z E G W N L
S E D Q Q A J F M M D Q U B Q A I
A R C P P M R E H P F N Q D R D Z
L O U W E T K A B D R L O P W U A
U F H U Y L Q P J G O N C Q M B
T L I Y V W V Z U Y Y Y Y Y E U E
E O S K D E F N U Z A A F A X S T
S N F U K E E M L N D D S S L B H
Y D S P S H P A L T H R H B Y L Y
H O H Z Z N I A Y F T U O T O K F
X N F B T C O R R N R T M Y R D H
F K Y X I K K O Y K I A C L F I R
L V H F I I O V N W B S Q L V U B
Z D F K Y B S N S L I R P A Z W M
Q O Q Q E S L M X Z A U B Y K N D
```

FOUR

FIVE

BROKEN
CANDIES
CELEBRATION
CEREMONY
CLOTH
CONTAINER
DECORATED
FILLED
ITALIAN
MEXICO
PAPIER MACHE
PIGNATTA
POTTERY
SMALL TOYS
TREATS

PINATA

```
E E C A W R J J L Y Z H D V R H T
X A J C O N T A I N E R E C B G B
S E H C A M R E I P A P T U L Y R
M O Y X L P B N Q K N S A S E W O
A I J I K T R E A T S U R I W U K
L V S O S A A O Z K R G O H J B E
L S C T T J C Y Q V L A C Z N H N
T K G E D P O T T E R Y E K M L O
O U N I L C D S N H V K D E N X C
Y C L N D E O Z R H N Q X M P V E
S A W A E V B S S Q T I M B T U R
X N Q I L C Q R T M C O Z D A G E
X D H L L Y Q B A O V P L Q S Y M
H I R A I H M I O T C C H C U C O
Y E A T F O K Z Q K I V N Z Q T N
G S J I D E P S W A H O K U I W Y
A T T A N G I P I W S U N N E T J
```

SIX

AA MILNE
WHEN I
WAS ONE
JUST BEGUN
I WAS TWO
NEARLY NEW
WAS THREE
HARDLY ME
I WAS FOUR
MUCH MORE
WHEN I WAS FIVE
JUST ALIVE
NOW I AM SIX
CLEVER
EVER AND EVER

NOW WE ARE SIX

```
R V H A R D L Y M E T O E A J G D
U N Z Y U O J W N U G E B T S U J
O E V I L A T S U J C J O J W Y A
F T R M O D H L S N B S B P I J Z
S B K U U T R L H A U X N L N P H
A U M C W J E R P U M X G F S X X
W I O H T E V E R A N D E V E R X
I V E M O W I V A Y P A C V O D M
W I X O X W F E L Z G W Z B Z U X
E W T R O X S L X I S M A I W O N
N A C E K D A C A L Y K U N B I D
Y S K U T L W E E N L I M A A J I
L T E Z D U I M N F V O T I L D O
R W D Y K L N H R O G L U N T J R
A O C M M E E R H T S A W E T Y U
E F W K J T H W I V X A H H C B N
N X N H O I W A I R S Z W W P H G
```

SIX

SEVEN

ABIGAIL
AMELIA
ELIJAH
EMILY
EMMA
ETHAN
JACOB
JOSEPH
LIAM
LOGAN
LUCAS
MIA
MILA
NOAH
OLIVIA

```
A Y K O I X O H U U S L C B Z Q Q
W I Q J A M I U P D H A U D O P F
L A M Z T Z L D V E F X Q O B X S
K Y Z L V W Y O P H S S N C F A T
T X M N S L D O G I X O O V C S E
S Y D E M M A J E A X X U F A J
E L Y W Z G N A P S N I L G B U A
X V N F D K C O J X W H S Z I D
Z X R Y B B N O E B L E M I L Y A
C P V N J X M B L O X D L E E L D
A U N R X M E L T Z Q W M A I N V
Y M O J I J I W E H Z A T M E O N
P V I A J A R W Y O W N H T A A L
W E M M G I U L I A M A H T S H H
I Z B I C U C E L I J A H Z Z Z W
U F B N L T G U E A N D S W E Z Q
A A H D A I V I L O G K K L T G G
```

SEVEN

EIGHT

BUMPER CARS
CAROUSELS
CONDOR
ENTERPRISE
FERRIS WHEEL
FIREBALL
LOG FLUME
OCTOPUS
PENDULUM
ROLLER COASTER
SKYCOASTER
SKYDIVER
THE WHIP
TWISTER
WATER SLIDE

AT THE FAIR

```
Q G F Y C D L E E H W S I R R E F
V Z R O L L E R C O A S T E R P N
Q R T S V L L A B E R I F O V Q P
T E V L P E N D U L U M N E N S A
B T S K Y C O A S T E R O K K L R
U S W O U Q D H T H P O R Y X F O
M I Z C Q H F P L W S I D E W Z D
P W P T L K I R A E P I R S P Z N
E T O O H C P T C L V X T U T D O
R J R P C O E E O E Y Z P H L L C
C C G U L R O G R X B F E U D X R
A A N S S M F Q C U F W R M X N R
R H O L D L N S E Q H A F G U N E
S J I I U S D E T I S D U R F B R
C D X M O Y D N P W X I H P X W V
E I E T R H K S C A R O U S E L S
X E S I R P R E T N E O H K S B K
```

NINE

BALLOONS
BANNERS
CANDLES
CONFETTI
CONGRATULATIONS
FAIRY LIGHTS
FLOWERS
GUEST BOOK
HAPPY BIRTHDAY
HELIUM BALLOONS
LANTERNS
PAPER PLATES
PLASTIC CUPS
RIBBONS
ROSE PETALS

LET'S CELEBRATE!

```
Z W Z T O B R O S E P E T A L S S
B D G G U E S T B O O K Z S C L N
A H Q P S W W F V R E T S R J P O
L E F A W P S L X V S C R E K C I
L L E P G M U P J C P F E N E O T
O I S E Q D H C H Q S J W N L N A
O U T R E S F O C N X A O A O F L
N M H P L O C A O I N O L B H E U
S B G L M O W B H V T H F Q Y T T
V A I A W L B Q W V E S H Z B T A
R L L T H I B N V O K F A Y W I R
U L Y E R M J R T W B U F L P H G
R O R S G Y H Z X K T G G N P O N
K O I K C A N D L E S W H M Z V O
G N A H A P P Y B I R T H D A Y C
B S F H Z B H V A L O B F G M L S
A L A N T E R N S O I R Z U D B O
```

NINE

TEN

CAKE
CANDIES
CHEESE
CHOCOLATE
COOKIES
FRUIT
ICE CREAM
JELLO
JUICE
MILK
PASTRIES
POTATO CHIPS
SANDWICHES
SNACKS
SODA

BIRTHDAY TEA

```
H P E F O O D S S W H Y D B F Z Q
J O R R M H I I P R B O S N A C K S
X D C U I R C P O L F A O R T L K
K F K I L S P I H C O T A T O P B
E Q Y T K C A K E A J U I C E Z L
T H I L U K F S F A F U P P H R
A K K K N E E S E H C I W D N A S
L I D Y P I F Z J E L L O D F O E
O S S A K Q Y J R R M A B R A S U
C W E O E F U Y Z I D D X N E C U
O M O I B Q B H C T W O G E P C H
H C N I D J B E K B M S H I R O W
C N P M Z N C Y R Q A C L F Q V G
E H L Q I R A C X S E I R T S A P
J Y S E E X C C E N X W P J V X T
P Y F A X C H M Q M J Q V H B J E
W K M O F K O E C T Y A V H X A F
```

TEN

ELEVEN

CELEBRATE
GOOD TIMES
COME ON
THERES A PARTY
GOING ON
RIGHT HERE
LAUGHTER
COME TOGETHER
DEDICATION
EVERYONE
AROUND
THE WORLD
CELEBRATIONS
ALL RIGHT
PARTY WITH YOU

CELEBRATE SONG

```
L G I R I G H T H E R E E U L B H
M O J N N P Y W T B W Q N T H S V
T I B G F W I H L I G O O I D V H
Y N L R R O G C C A Q D I Z A S N
T G W S K I H O E G Y C T K D Z D
R O Z E R L Y M L L P E A D C P L
A N L L T A W E E H H L C I O V R
P S L Y K R W O B G Q E I P M L O
A A N M Z O B N R L A B D X E S W
S K R F N U B C A A Y R E O T E E
E W K Z L N K T T U E A D H O M H
R H U X I D U L I G T T O L G I T
E S Q P A R C V O H R E P J E T C
H W B U R Y Q M N T R G Z N T D H
T Z M H M G P K S E O L W U H O N
U O Y H T I W Y T R A P E C E O Z
E V E R Y O N E S O W G F A R G H
```

ELEVEN

TWELVE

COLE PORTER
COUNT BASIE
FRED ASTAIRE
GEORGE GERSHWIN
GINGER ROGERS
IRA GERSHWIN
IRVING BERLIN
JAMES CAGNEY
JOAN CRAWFORD
LOUIS ARMSTRONG
LOUIS JORDAN
LOUIS PRIMA
PERRY COMO
SHIRLEY TEMPLE
SPENCER TRACY

REMEMBER THE 1930s?

```
C J C X S R E G O R R E G N I G O
H J G N N I L K A O G O D R V E U
P W N K O B N H H N N X B M V L B
Z B I X D Z B C A R O Y C S E R X
A Y W V R G Y O O C R E K B L I M
M N H A O O C L B I T N Q Z P R Z
I I S X F M A E N N S G F E M V H
R W R D W O R P A E M A R A E I W
P H E O A C T O D I R C E Q T N S
S S G J R Y R R R S A S D Y Y G T
I R E H C R E T O A S E A F E B I
U E G J N R C E J B I M S I L E E
O G R L A E N R S T U A T W R R J
L A O K O P E V I N O J A B I L O
H R E O J H P P U U L E I A H I D
G I G G Q G S O O O Q N R N S N T
S L V K A O X D L C I U E D B A D
```

TWELVE

THIRTEEN

HAPPINESS
THE GREATEST
GIFT THAT I
POSSESS
THANK
THE LORD
THAT I HAVE
BEEN BLESSED
MORE THAN
MY SHARE
THIS WORLD
WONDERFUL
PLACE
MY SOUL
OCEAN TIDE

HAPPINESS SONG

S D E S S E L B N E E B H F S G S
S S W T H E G R E A T E S T G P R
M B E A S S Z F L U F R E D N O W
O C B N L M H N X T N C S H W J J
G T Y G I E Y O S F Q S P D N X S
L L G D T P A S C Z E U Y R A J E
W X O H F U P U O S N S Y O N J V
C O F C P N P A S U K W I L N Z A
R D Z M E B K O H T L T B E A X H
E L X B E A P G V E A F B H H R I
R R O W V F N N J H N O A T T O T
A O O Z T K O T T Z P W P N E I A
H W U C Z A E T I Y F Z L F R T H
S S J T A T F H D D A P A U O H T
Y I W I Z I D Q L D E W C Q M Q I
M H C H G P K N A H T J E N W B A
Z T U Z T Y Q V V G G J H X M O N

THIRTEEN

FOURTEEN

FOLLOW
THAT
DREAM
LOVING
YOU
FLAMING
STAR
BLUE
HAWAII
JAILHOUSE
ROCK
KING
CREOLE
GI
BLUES

ELVIS MOVIES

```
K C Z B V S T A R W I I A W A H R
H O N J A I L H O U S E S N A L G
Z R Y Q F F U Q P S Z E L V S N W
I N K Y K K Z J C L U M A M I B A
N P W Q H C E U X L K A V V T Y N
X O H U O O A X B P C T O R C R V
E F X G R R E M M N C L Y C O N K
B Q L W Y O T U K C U R Q K V U U
W Y Q A O F U E L N V Z E T L F S
T J K O M O O E R B K P R O N P N
H G E C E I M L M I I X M I L E I
A R U R B K N J L Y G N V Y Z E A
T X Y Z P T A G U O O Z N A X T T
S F A O M A E R D Y W G Z V V U M
I L Z C U C L G G Q N V H E Q C M
I P X C R B H E F I Z X L E J S E
J G Y B C O M Z K F F E J G Q X A
```

FOURTEEN

FIFTEEN

BETTY GRABLE
BING CROSBY
BOB HOPE
BUD ABBOT
CLARK GABLE
ELLA FITZGERALD
GARY COOPER
GLENN MILLER
GREER GARSON
HUMPHREY BOGART
INGRID BERGMAN
JOHN WAYNE
LES PAUL
LOU COSTELLO
MICKEY ROONEY

REMEMBER THE 1940s?

```
M O H U M P H R E Y B O G A R T H
R I B S O N E L B A G K R A L C N
E M C P B S O V Z B C Y V Z X V A
L J J K Z L T S O S A E M B D L M
L T O B E E G B R M U V O U V Y G
I O H E Q Y H R R A E Z B H H G R
M B N C T O R L V T G W G I T N E
N B W K P G H O I N V R F D F G B
N A A E E Y L D O O M A E U O Q D
E D Y I Z M V E V N V C F E K Q I
L U N L O U C O S T E L L O R O R
G B E V U B J P Y P R Y J C K G G
V P G X L Q U P V I A J F H A G N
R E P O O C Y R A G S U D E N J I
X O X B E T T Y G R A B L E Y K T
D L A R E G Z T I F A L L E I Z C
H Q V Y B S O R C G N I B D O E F
```

FIFTEEN

SIXTEEN

BEATLES
BILLY IDOL
BILLY RAY
BURNETTE
CONNIE STEVENS
CYRUS
GOMULKA
HILARY DUFF
JACKSON FIVE
RINGO STARR
RONNIE MILSAP
SAM COOKE
SEDAKA
SOUND OF MUSIC
THE CRESTS

SWEET SIXTEEN SINGERS

```
B O C I S U M F O D N U O S L N M
U L K U A B E A T L E S H U T V D
R O R W V R O N N I E M I L S A P
N D M J F H O F F U D Y R A L I H
E I P X R A W V L D V W X K C K E
T Y K S B I L L Y R A Y P Z V A V
T L O R I N G O S T A R R C B I I
E L Y L E Z T H E C R E S T S C F
Y I M C T K K G Z K T D W K J R N
K B C O N N I E S T E V E N S Z O
Z F A A P I M I F U O A I D F L S
K R G K U G O M U L K A C W F Z K
Y E Z A Y P I K X V C A X T E G C
S I S D G O B V U Q S U R Y C Z A
J A T E Q P U V Z R W L I L G J J
S L B S N O X Q J Q I L H T A Z B
T E K O O C M A S N Y T P I B D G
```

SIXTEEN

SEVENTEEN

BIG BOPPER
BILL HALEY
BLUES
BUDDY HOLLY
COMETS
COUNTRY
DON MCLEAN
ELVIS PRESLEY
PEGGY SUE
RAVE ON
REET PETITE
RITCHIE VALENS
ROCK AND ROLL
ROCKABILLY
THE CRICKETS

REMEMBER THE 50s?

```
G M P R I T C H I E V A L E N S I
Q L D A T H J V H T R O B O S O C
C Q T D B U D D Y H O L L Y X O O
R X S I I I P E W W C H P Q M Y X
T E L E G X B Z U R K K W E M E N
L E E P U C O K J U A C T N P L R
J S D T B S B H N S B S A D R S O
Q M T B P V Y X T P I E B L J E C
C W J E B E D G D I L O I U Y R K
O W S Z K X T R G C L V N I E P A
U Q E Y D C D I M E Y Q B J L S N
N A U H G P I N T L P M Q G A I D
T Q L B L T O R J E N U F C H V R
R U B Q L D B P C M G L S G L L O
Y N O E V A R Q X E C N S T L E L
B K T Q W D Y B Z O H O J D I J L
R E P P O B G I B O C T Z U B G R
```

SEVENTEEN

EIGHTEEN

CABARET
CELEBRATE
CHAMPAGNE
CLUBBING
DANCING
DECORATIONS
EIGHTEENTH
MOVIE OUTING
MUSIC
NIGHT OUT
PARTIES
PARTY DRESS
SPECIAL MEAL
THEATER TRIP
TOASTS

18TH CELEBRATIONS

L P T C H A M P A G N E G M U S W
T B H O D E C O R A T I O N S E F
B T T A A D Q N I G H T O U T I C
F Q Z D D S J Z H Q M K B Z T T
I B W K S Q T K E A C P P I P R O
S F N R U U G S C A B A R E T A I
M S T A M P L A E M L A I C E P S
P I R T R E T A E H T H R H N P V
G N I T U O E I V O M K T R X A I
Y I E T A R B E L E C N A Q O R C
J C L U B B I N G P E I O I N T E
T M D A N C I N G E J H T N T Y Q
F Z E J P W U J T C I I I F F D L
P I Q N V V G H R I D M K Z R R U
M M X J Q O G Y A S B H C H K E B
T X K D K I K Y H U E P W U O S U
O Q J Z E D X D Z M W I G T P S Z

EIGHTEEN

NINETEEN

EIGHTEENTH
EIGHTIETH
EIGHTY FIFTH
FIRST
FIFTIETH
FORTIETH
NINETIETH
ONE HUNDREDTH
SEVENTIETH
SEVENTY FIFTH
SIXTEENTH
SIXTIETH
SIXTY FIFTH
THIRTIETH
TWENTY FIRST

AGE IS JUST A NUMBER

```
C C O U A Y E I G H T I E T H Q H
W P N I N E T I E T H R K V B Z D
A A C V R J X F O R T I E T H T Z
Q W H M K T T S S B R N G P G P Y
T H S E V E N T Y F I F T H E Q E
H N X M E V C I E Y V M O P A W X
I N T E M Y H T E I T I F I Z Z C
R A T S R I F K P V P S K Q N O S
T K V L B U Q Q M S G S V L O I E
I U J G Y T W E N T Y F I R S T V
E O N E H U N D R E D T H G D E E
T V Y K K F U N O K N P Z Q E D N
H D U V N E I G H T E E N T H Q T
M H T F I F Y T H G I E U Q Z C I
Z T H W M Z X P S I X T I E T H E
F W P F N G U H T N E E T X I S T
O Y S I X T Y F I F T H B V I H H
```

TWENTY

AMETHYST
AQUAMARINE
BLOODSTONE
DIAMOND
EMERALD
GARNET
MOONSTONE
OPAL
PEARL
PERIDOT
RUBY
SAPPHIRE
TOPAZ
TOURMALINE
TURQUOISE

BIRTHSTONES

```
E Y D U R T A O P A L W T G V S R
N M O P D Y S F Y R T K D P Y A S
Z A H P S A J Y A Q H X M D V Z U
A N Z A E X Y I H A Q S F L J Q N
P L U J L R K B C T R C Z A Y M P
O M G A J I I D U Z E R N R X J Y
T P S T L T L D O R V M Y E Z D G
I D R H Z L Q H O O L S A M I H T
C K I Y F S V W I T E I Z E Q N H
D V O A E Y E M M X M L R A E P R
C K B O M J M E N I L A M R U O T
T F U B Z O K C F N F Z G N H F Q
H X T R C X N E N O T S D O O L B
O Y H J U W D D S A P P H I R E X
H G A R N E T Y E N O T S N O O M
E N I R A M A U Q A F Z X H A R Q
L L G B E S I O U Q R U T E Z K D
```

TWENTY

TWENTY-ONE

TWENTY
FIRST
BIRTHDAY
AGE OF
MAJORITY
ADULTHOOD
DOOR
FREEDOM
INDEPENDENCE
KEEPSAKE
KEY
MATURITY
MILESTONE
PRIVILEGE
SYMBOL

KEY OF THE DOOR

```
X G Q W K S M O P R W M J M G Z N
D O O R B K I Y T I R O J A M Q J
N H A F E L L W D C A O P I Q X I
M F V Y T T E B M E K A S P E E K
Q E I N J Q S F I P V L I I G N D
L V P R D P T X T R L S K J Z H T
L J G A S D O Y U I T J M F A W M
T Q C N I T N N O V N H J E P M B
U H U D Z S E N P I E Q D H C O I
G H D Y G G I X R L W X C A Z D O
F L O B M Y S F C E T Q J K Y E D
L M W N F O E G A G J M X Z G E V
N G C S X D S Z E E P N I C K R C
J I V U I C V V Y T N E W T A F U
J K Z G W K Y T I R U T A M J M Q
O A D U L T H O O D P O N Y M Q S
Z V I N D E P E N D E N C E F A D
```

TWENTY-ONE

TWENTY-TWO

ARRANGEMENTS
BLOOMS
BONSAIS
BOUQUETS
DELIVERY
FLORIST
FLOWER
GIFT BASKET
LILIES
MONEY TREE
ORCHIDS
PLANTERS
POSIES
ROSES
SUNFLOWERS

FLOWERS FOR YOU

```
A W I A O G I F T B A S K E T Q H
X F B B L C I Z B O B N Q X F H B
T X O Q N M S S Z D O L K L S V E
Z E S I A S N O B Y H B O N A W A
V E M H X C N W D T Q P A O V O R
L R O B X A S R E T N A L P M B R
S T H Q P A I T S I R O L F D S A
T Y S L L W A P O S I E S U G W N
E E D W P W B V C S A U R Y M H G
U N I F U J E G R P N S D O K X E
Q O H E C L X H L F H E S Y R Y M
U M C R O S E S L I L I Q I Y Q E
O R R H O A A O B I L C H N N T N
B J O Q N D W I V F N I C Z T R T
F I S X G E J E F L O W E R Y Q S
Q I R W R Q R Z X W X K P S Q X N
Y Q Y S V Y O X G S P I I N M I C
```

TWENTY-TWO

TWENTY-THREE

AUGURI
BON ANNIVERSAIRE
BUON COMPLEANNO
FELIZ ANIVERSARIO
FELIZ CUMPLEANOS
FIJNE VERJAARDAG
HA DEN ARAN
HRONA POLLA
SYNTYMAPAIVAA
HYVAA
LA MULTI ANI
MOITES FELICITATS
PARABENS
SRETAN RODENDAN
STO LAT

BIRTHDAY AROUND THE WORLD

```
F I J N E V E R J A A R D A G F X
E S O N A E L P M U C Z I L E F J
O Z U J A L L O P A N O R H I M W
N E R I A S R E V I N N A N O B A
N O S Y N T Y M A P A I V A A B B
A M O I T E S F E L I C I T A T S
E N X K H L A M U L T I A N I P Q
L S A S R E T A N R O D E N D A N
P P R I D R I D Z H X A S K I M A
M X A U G Y K W J L T U T D M Z R
O I D R A W J G H B V G O H K V A
C B W T A X H Y V A A U L Q U H N
N K Q B K B D Y X Z U R A M X O E
O J F Q P T E T F D R I T J Q V D
U V H N G P W N B W E S A A D G A
B V B S W E T H S C E M M C U C H
C O I R A S R E V I N A Z I L E F
```

TWENTY-FOUR

BEATLES
BLACK AND WHITE TV
DR WHO
ENGLAND WON
FLOWER POWER
HAIR CURLERS
HOME MILK DELIVERY
MAN ON MOON
MINI CARS
MINI SKIRTS
RECORD PLAYER
ROLLING STONES
TWISTER
WOODSTOCK
WORLD CUP

REMEMBER THE 60s?

Y R E V I L E D K L I M E M O H M
E S F N O J L N M A N O N M O O N
S T X L U R Z A V D S E L T A E B
R W D E S E D R G M R K Q B G B K
E R U N Y W W G W U U W O T C A T
L E X G P O O E X U G W H W Z V B
R Y G L V P R E T S I W T O G M J
U A J A Q R L I B C M K A Z Z S T
C L H N X E D D F S M C M N I L L
R P I D D W C Y A N C P B K Y N H
I D D W N O U K C O T S D O O W R
A R R O R L P K N I P E K B G Y D
H O I N E F N I U Z D D W Z A V P
Y C D Q R O L L I N G S T O N E S
L E G M S R A C I N I M O A N R H
J R P D R M V S T R I K S I N I M
C V T E T I H W D N A K C A L B A

TWENTY-FIVE

THE FONZ
ARTHUR
TOM BOSLEY
MARION ROSS
RON HOWARD
RICHIE
CUNNINGHAMS
HENRY WINKLER
FONZARELLI
POTSIE WEBER
RALPH MALPH
JOANIE
CHACHI
MILWAUKEE
WISCONSIN

HAPPY DAYS

M T L J R W J D G Y G G W M V V Z
A O G H E L A A N N O C H A C H I
R Z J N L W R E B E W E I S T O P
I S F X K F W I S C O N S I N U N
O M H K N O V R H N P X D H X E V
N A Q T I N K U P Y Y F F D D L P
R H F W W Z M H L M G M E I X L F
O G X D Y A A T A R S N A B W R U
S N J R R R P R M U G W G I M I G
S I G A N E K A H S O E H I R C V
I N O W E L H E P Y E U L P V H C
D N P O H L E R L S W W C X G I J
L U O H P I L L A Z A Z O Z I E Y
H C I N W K X G R U E P O M S Z P
V P X O T H X U K L Z N O F E H T
N M U R D A U E Y E L S O B M O T
E I N A O J E U L Y R D U C W E E

TWENTY-SIX

BAKING SODA
BUTTER
CHOCOLATE CAKE
COCOA
CREAM CHEESE
DARK SUGAR
EGGS
FLOUR
FROSTING
FUDGY
MILK
RECIPE
SALT
SUGAR
VANILLA EXTRACT

BIRTHDAY CAKE RECIPE

```
C D K Q M R T R M M U K F S G G E
T M I L K N E T T I I T Q R U V D
E A O C O C Y T E I E I R T Q R S
Y K S U G A R L T S G Q Q C D M A
S V A B E H M T R U O L F A R U L
B V V C U U B B D V B D M R S W T
K R S R E I S K R V Y A L T P C S
S A S F Q T H A R J G G C X Y R R
E A U U Z C A E W I D Z C E M E A
Q E D T V X C L F Y U D I A S A G
S E H H L I W H O Y F P T L J M U
P X Q N P L W S P C O X H L C C S
U K K E M N R O E V O V Q I D H K
G N I T S O R F K N Z H G N S E R
P N G Z Q Q F E K K K N C A U E A
D F X A W M A I C Z R Q T V E S D
O S H R B A K I N G S O D A L E E
```

TWENTY-SEVEN

ASTI SPUMANTE
BABYCHAM
BELLINI
ORANGE SANGRIA
CAMPARI MOJITO
CAVA SANGRIA
CHAMPAGNE
COCKTAILS
HUCKLEBERRY SHRUB
PROSECCO
ROSE SPRITZER
ST FLORENT COCKTAIL
SPARKLING COJITO
SPARKLING WINE
TURMERIC TONIC

A GLASS OF BUBBLES

```
T M M A I R G N A S A V A C P V T
L C R S C M A H C Y B A B E S N U
S Z U U Y A S T I S P U M A N T E
S T F L O R E N T C O C K T A I L
T U R M E R I C T O N I C B H Z A
O T I J O M I R A P M A C D L Q P
L F G I O R A N G E S A N G R I A
H S P A R K L I N G W I N E C C P
L W S F T U K X D D X G J Q W N T
H U C K L E B E R R Y S H R U B R
A K G V E S O D G P H E C R Y O F
F G R O S E S P R I T Z E R V Y L
R J Y X W I Z D E N G A P M A H C
P H I D A V I L S L I A T K C O C
R D W U V B O C C E S O R P P T R
K L F V W W T H R W B E L L I N I
K S P A R K L I N G C O J I T O I
```

TWENTY-SEVEN

TWENTY-EIGHT

MILESTONES
AGES
TRADITIONS
PICNICS
DRINKS
OUTINGS
SPECIAL
BEST WISHES
HAPPY RETURNS
CELEBRATIONS
MEMORIES
GUESTBOOK
PARTY ANIMAL
THEMED PARTY
TREASURES

BEST WISHES

```
B Y N R K S E I R O M E M M S Z A
S T S K J D I S L F R D E R G U Z
E R D F C N O S E N O T S E L I M
G A J C E L E B R A T I O N S K D
A P P S Q R M A S P E C I A L X U
M D G T R A D I T I O N S N F S J
D E T V L A M I N A Y T R A P L X
F M H R X D M K O O B T S E U G T
E E N F Y O O R S Z T H A Z N Y G
M H K X B Z W L A R B R R Z M Y F
O T Y D B T U G E T J V S M N F C
U A A U N V M A T B G B O P I H F
T W L U X Y S U X F F S C O R L O
I X F R Z U C B E S T W I S H E S
N Q H C R M Q K J S K N I R D P W
G S U E T D H J S C I N C I P R C
S V S D S N R U T E R Y P P A H O
```

TWENTY-EIGHT

TWENTY-NINE

BELL BOTTOMS
CASSETTE TAPES
CHARLIES ANGELS
CLACKERS
DAVID CASSIDY
JACKSON FIVE
PLATFORM SHOES
SATURDAY NIGHT
FEVER
THE WALTONS
TIGER BEAT
TUBE SOCKS
TUPPERWARE
VIEW MASTER
WALL TELEPHONE

REMEMBER THE 70s?

J Y D I S S A C D I V A D F S H H
P L A T F O R M S H O E S N X Q T
C S P T R S X I X R G N O G G U M
A M I E R B X K E U H T I F B X S
S O J K E G T V E Z L N H E A O A
S T A G T L E Y S A Y E S D D R T
E T C U S F U J W A D O Z L J Q U
T O K U A I P E S D C I U Y C G R
T B S U M F H C Q K T N Y A I K D
E L O O W T C Z S L I D G N M K A
T L N P E T U P P E R W A R E I Y
A E F Z I D P V C O T Z O G J S N
P B I F V L J C L A C K E R S P I
E D V W A L L T E L E P H O N E G
S D E H S S O P M Q Y X S Y C A H
F I M W J A T A E B R E G I T V T
X F T S L E G N A S E I L R A H C

TWENTY-NINE

THIRTY

BUMPS
CANDLES
WISH
CARDS
GIFTS
OUTINGS
PAMPER DAYS
TREATS
THEME PARKS
FAMILY TEA
DECORATIONS
SPEECHES
SPOILT ROTTEN
BIRTHDAY SONG
SURPRISES

BIRTHDAY TRADITIONS

```
V F A S P E E C H E S E Q U K F K
T C W N V H S Q K S T H O K T O X
A E T Y L I M A F N H G L M N I F
O U T I N G S B F O E I C X T U S
B P M T R E A T S I M F E A H U G
G I R L E G Z U B T E T A L R H M
B K R J N S E T U A P S G R T D W
P X P T T Y C I M R A Y D B D I S
I K Q J H A L I P O R A H Q S U G
H I X Q V D I Z S C K S G H R A A
P T F A Q R A H S E S X T P C S I
K Z E Y T E O Y F D J A R K B N G
A E K I Z P V A S X U I C V P O S
A X C O H M W C Z O S E L D N A C
T X L X F A T Y F E N W W Q P I E
L L L T K P H R S T R G Z Q X F W
F F E B S N E T T O R T L I O P S
```

THIRTY-ONE

CAESAR SALAD
CAKES
CHAMPAGNE
CUTLERY
DRUMSTICKS
FRUIT SALAD
GLASSES
PARASOL
PICNIC BASKET
PICNIC RUG
PLATES
POTATO SALAD
QUICHE
SAUSAGES
SERVIETTES

BIRTHDAY PICNIC

```
V F U H N A C Q L E B O I T W Z N
N R K G L J E S H T M Y U A X T T
Y U G U K U T C C H A M P A G N E
V I C I Z U I L U T W R X I K S Q
Z T S B W U G W F I C U T L E R Y
A S U E Q D A L A S O T A T O P P
D A L A S R A S E A C C V L W P I
R L I A S S A J V R V G K N L P C
U A Y R E P A L H H I T T A P I N
M D G Q T A I L V E Q L T I M C I
S E S Y T R R T G Y L E L U J N C
T J E Y E A G V R T S G X H M I B
I A K N I S Y S A U S A G E S C A
C X A N V O G W U H Y H L O B R S
K C C G R L O M R J H K L K U U K
S S O B E G F O P O H A R C P G E
B E Y T S X U V M K K B Q V U F T
```

THIRTY-TWO

ACID WASH JEANS
ATARI
BACK TO THE FUTURE
CABBAGE PATCH KIDS
CARE BEARS
COMPACT DISCS
GHOSTBUSTERS
HOTWHEELS
LITTLE MERMAID
MY LITTLE PONY
NINTENDO
PAC MAN
RUBIKS CUBE
THUNDERCATS
TOP GUN

REMEMBER THE 80s?

```
J G D I A M R E M E L T T I L C E
Y N O P E L T T I L Y M C R Q J S
X C N S A T R D A N M C M U D Z D
T T J J R L N Z S U E A U B P E I
S W E B T N T S T G Z R A I A P K
R S V Q H H P I O P T E M K C S H
E N U X O E U Y M O N B K S M C C
T I A Y T O D N N T O E C C A S T
S N I U W N I W D T X A W U N I A
U T B A H S W R S E A R H B Q D P
B E T Q E R Z M A F R S O E M T E
T N T I E T O F S T G C X Z X C G
S D G B L H G T V A V A W Q A A
O O S U S C A X D W O Y H T V P B
H B Q J Q I M O V I X L D B S M B
G S S N A E J H S A W D I C A O A
B A C K T O T H E F U T U R E C C
```

THIRTY-THREE

BREAKFAST IN BED
CHAMPAGNE
CHOCOLATES
DINE OUT
FANCY FREE
FOOTLOOSE
HOLIDAY
MOVIES
NO HOUSEWORK
NO WORK
PAMPERING PARTY
RESTAURANT
SEE A SHOW
SHOPPING SPREE
SPA DAY

SPOILING YOU

```
S E I V O M J O Q J F W N B I E A
E M H K D U O S K A P D O R J S C
T O O O Z J K W N P E E H P R O H
A Z G F L I J C F M Q B O A E O A
L E W F O I Y I F R Q N U M S L M
O E L Z D F D A U W N I S P T T P
C R M G R R G A X U W T E E A O A
O P Y E K Q N H Y Z O S W R U O G
H S E D I N E O U T H A O I R F N
C G X B U M S O D M S F R N A Y E
G N A I D P S S D W A K K G N V X
G I X G A X P L N N E A L P T N T
X P L K T A S M O O E E R A W W D
Y P W U D I P W N X S R V R T M M
X O D A C K O Q Y O I B F T Y J P
Z H Y H Z R J J K V D P T Y C N W
S S T E K L B M U U A Q N V W T X
```

THIRTY-THREE

THIRTY-FOUR

AUSTRALIA
BIOREGIONS
CAIRNS
CORAL POLYPS
CORAL REEF
CROWN OF THORNS
FRASER ISLAND
FRINGING REEFS
MURRAY ISLANDS
QUEENSLAND
SINGLE STRUCTURE
STARFISH
TORRES STRAIT
TOURISM
WORLD HERITAGE

BARRIER REEF TRIP

```
S I N G L E S T R U C T U R E M P
B Z P N P R T Z R C T M S R I U C
J I D Z Z A I C T X M L P E F R N
S F N N X M A L T T S X Y Y S R E
H E B T A Q R I C G I L L F B A C
Y E D L A L T I D D R R O R I Y R
F R G R I O S W D L U F P I O I O
H L J P L U S N U J O H L N R S W
S A W L A K E P E F T O A G E L N
I R Y K R H R A D E O X R I G A O
F O T M T P R R Z E U X O N I N F
R C Q N S T O U P P C Q C G O D T
A L F F U L T U D I D C V R N S H
T L L T A C Q A H Z B H L E S E O
S F R A S E R I S L A N D E O P R
W O R L D H E R I T A G E F X A N
F O U C A S N R I A C P F S W E S
```

THIRTY-FOUR

THIRTY-FIVE

CHA CHA
DANNY ZUKO
DOMINIC
DOODY
EUGENE
FONTAINE
FRENCHY
KENICKIE
MARTY
MISS LYNCH
PATTY SIMCOX
PINK LADIES
RIZZO
SANDY
VINCE

GREASE IS THE WORD

```
V S K C I R L M D F L S D Z J Q A
U J A R N S V A O T R S K P B D K
M N V E D A C F O O P E A H A Z S
X I N Q U U O W D K A I D N P K K
W U S V T N R P Y U T D G S D F I
Q R A S T M W S O Z T A C C Z Y V
U W T A L I K E Z Y Y L H F R L K
A X I D L Y S E O N S K A R J V K
S N E P L H N O W N I N C E J S O
E A D B K B J C U A M I H N Q M Z
O B M A R T Y X H D C P A C I X Z
R A E S V E M G D O O C D H W F I
N F U Q J L N V X O Y Y E O R
T K T B J R W E Z P D U E A C J Q
K E N I C K I E G I F D D I N W R
E Z C I N I M O D U I O U O I Z Z
H W K P C V M E D U E B G I V V A
```

THIRTY-SIX

FORTY
LIFE
BEGINS
MATURE
MID FORTIES
FORTYISH
FOUR DECADES
TURNING FORTY
WITH AGE
COMES WISDOM
FABULOUS
WISH UPON A STAR
THE GYPSY
BUTTONS AND BOWS
FRANK SINATRA

FORTY SOMETHING

```
B U T T O N S A N D B O W S B C D
L P D F A B U L O U S C U A M D E R
R R A T S A N O P U H S I W H D G
Y T R O F D C I X L I F E A S F M
M U Q T M G E Y M D L X L I N D M
Y R V L B G F G Y R H I S F I U A
M G M J A J Y I K I H L S Y G V T
Z O H H J F S P T E Z H Q D E M U
F A T E T T N C O D A B X E B V R
N I P T U R N I N G F O R T Y O E
W W C G D U L T Y J C K B J H Z U
K U O S D H S I Y T R O F U Y Z R
W Y U A R T A N I S K N A R F G S
P F T F B H C O M E S W I S D O M
F O U R D E C A D E S X Y E H T S
V V V M I D F O R T I E S N F K P
T H Y V T B T H E G Y P S Y B V H
```

THIRTY-SIX

THIRTY-SEVEN

BEAR
BLACK CAT
BUTTERFLY
CHUNKY CHAIN
FOUR LEAF CLOVER
GEMSTONES
GLOBE
GOLD STAR
HEARTS
HORSESHOE
KEYS
LADYBUG
LOVE
PADLOCK
SILVER

CHARM BRACELET

```
M X D F U D M C Y W I V W A B K J
F O U R L E A F C L O V E R L D S
E O H S E S R O H P L Z P R A M F
J D L F T L O H A U D S E N C G L
S J Y D P O J D Z A G V C D K O D
N T U L I Z L S E B L Y I W C L P
I R R J Z O R N C I O Z Y S A D C
E A S A C G D A S L B O E E T S H
Z N Z K E O U C E Y E P Z N R T U
W B Z X T H P B L B V E M O N A N
S Y E E P J E F Y Y T P F T M R K
S D R V F U R D H D U A V S J R Y
L J Q O G E S A N Y A A T M O I C
Z K P L T W O I Q J D L W E O O H
U N E T A V Z A U P C C H G M D A
Y L U Y N Z G A Q D V O S E Q L I
G B P H S J Q F N K C X D X U C N
```

THIRTY-EIGHT

ANTI AGING
AROMATHERAPY
BODY PEELING
EYE BATH
FACE MASK
HEAD MASSAGE
MANICURE
MASSAGE
MUD PACK
PEDICURE
REFLEXOLOGY
RELAXING SWIM
SAUNA
TREATMENTS
YOGA

SPA PAMPERING

```
K H W G W Y G O L O X E L F E R Q
G E Z H K I K X M A N I C U R E G
B B E G A S S A M D A E H X S Q N
I O W J E G A S S A M K E S T S I
I K S A M E C A F D K B Y T T Q G
P V C Q X T A A T W Z T U Z M S A
V Y G A R Q R C I Z T O M I A A I
E S H N P I T E E I G T W U T V T
H G E N O D V N A U L S N N L I N
G T J R B O U J S T G A T B I M A
G N A C U X K M K N M V R F K N Y
A Q R B F C G N I L E E P Y D O B
Q G J L E L I X Q R V I N B N B O
N J O V F Y A D R Z K H A T D B F
O C P Y L L E S E Q Y Y O K S T B
Z S O R E F G B A P I N X L K O J
Y P A R E H T A M O R A H J K P T
```

THIRTY-EIGHT

THIRTY-NINE

ACTIVITY DAY
BOYS NIGHT OUT
BREWERY TOUR
BUNGEE JUMP
GO KARTS
HORSE RACES
MONSTER TRUCK
OFF ROAD
PAINTBALLING
RIB RIDE
SPORTS CAR DAY
TANK MUSEUM
TRACK DAY
TRANSPORT MUSEUM
WORLD CUP

BIRTHDAY BOY

```
Y B O G B U N G E E J U M P Z Y E
S Y G D A C T I V I T Y D A Y T Q
E K M N A S T R A K O G G X R R T
C O D P A I N T B A L L I N G A P
A H O T U O T H G I N S Y O B N E
R Y K U Z M U E S U M K N A T S D
E S A C R U O T Y R E W E R B P I
S C X D U N M M J Y P Q J A U O R
R D S Q R R L V I Z A N S N E R B
O A J F M A T W O R L D C U P T I
H O A D Y P C R E B F Y T T W M R
K R G G K P S H E H F J G B Z U O
Y F I Y A I P N T T I H Y O W S M
W F B C P X Z K L R S P H U A E O
S O U K H F X J H W O N M S K U P
Y A D K C A R T V T D P O W S M P
T C Y Y W Y M Q C V B D S M M R A
```

THIRTY-NINE

FORTY

CHINESE
NEW YEAR
DOG
RAT
DRAGON
HORSE
ANIMALS
PIG
SNAKE
RABBIT
GOAT
ROOSTER
MONKEY
TIGER
OXEN

CHINESE NEW YEAR

```
S S L V G L X Y U H T E B Y L P Y
L X D C Y B S G E Z B Y B W Z L C
F L X I Y E M R X K R A E Y W E N
S Q G G T W D Y S O N G O A T M D
L A H T G D K W L I Q O S W N E N
A A T R O O S T E R O O M T Q C Z
M T W N I O P Y K E L W P H U S H
I P Q Y X C Y D M O R W H D N O C
N Z F E N C Y N X K R Q I A W Q H
A H N H B C X H C N D G K L D D I
Y S Z B S S M Q K K S E I T A R N
Q G F T I G E R N P J T P P M A E
O R G B G U R P D L U K N F I G S
F D M P T G R T R M R P L D V O E
I O X B A V C R X S G S Q Y I N P
T G M Q R D G T Y N V M L S Y L H
K A C R A B B I T B H O R S E G R
```

FORTY-ONE

ANTIGUA
BAHAMAS
BARBADOS
GRAND CAYMAN
GRENADINES
JAMAICA
NEVIS
PUERTO RICO
SAINT MARTIN
ST BARTS
ST KITTS
ST LUCIA
SINT MAARTEN
TURKS AND CAICOS
US VIRGIN ISLANDS

BIRTHDAY CRUISE

```
A O N V O U J A S T D C B C R E U
C V A Z T B G N N T V Z L A P D S
I O M M C L C W X T R G R E U G V
A Q Y H P H S Q S S I A Z G N R I
M X A F N Z T N O I I G B K O E R
A C C O E H L I C Y B V U T S N G
J B D B T H U T I S S Z E A S A I
X A N G R X C R A Q T L B N O D N
E R A R A T I A C K A T P A Q I I
P B R B A L A M D C M B I H L N S
T A G Q M L D T N D I A Q K I E L
R D V H T N W N A A R H C C T S A
R O S P N Z M I S C M A P D U S N
B S C P I C Z A K D H M U D U J D
J D F V S D H S R A Z A E N K K S
O G Q O D V N E U Z Y S S I H Q H
K Q R O C I R O T R E U P O J O O
```

FORTY-ONE

FORTY-TWO

CANDLELIGHT
COCKTAILS
DATENIGHT
EXCLUSIVE
EXPENSIVE
FLOWERS
MAGICIAN
MUSICIAN
PIANIST
POPULAR
PROSECCO
SMART DRESS
SPECIAL
TAXI HOME
WAITER SERVICE

BIRTHDAY DINNER

```
F L V D Q G C F L O W E R S Z C X
H Z Y B P Q T Y U U T D Y M S A I
J D I Q H D M T A X I H O M E N P
E X P E N S I V E M N P I S P D A
S S E R D T R A M S H I Z W O L Y
E V I S U L C X E O X X Z R U E D
V U G C O C K T A I L S L P Q L A
T X M O C C E S O R P T Q K P I T
W Q T E W X S P E C I A L O J G E
Y O Z K Y C G A G M E J P Y T H N
F C P E G M F Q E V A U I S L T I
M U S I C I A N A A L G I K P V G
I W Y K R H L D Y A T N I W X G H
G N P E L R P O R D A P Y C G G T
V O J L U B V P M I K A V Q I L G
W Y D Q H U I G P U S P E D U A H
L S G E C I V R E S R E T I A W N
```

FORTY-THREE

BARBIE GIRL
BLOCKBUSTER VIDEO
CASSETTES
DIAL UP INTERNET
GAMEBOY
GELPENS
KOOSH BALL
PENCIL CASE
POKEMON
RADIO
SONIC
SPICE GIRLS
TEEN SPIRIT
VHS TAPES
WALKMAN

REMEMBER THE 90s?

D U T I R I P S N E E T S H P C N
V N S O F E C M M O W J S J Z W B
N R Z S U G O A N H M T J Q Y K L
P X A A R S N B S D B E K U E Y O
E L A D X K A Z U S W E K E A O C
N R P K I P M O U S E Y Z O K B K
C I O Z Y O K C E O G T Z D P E B
I G D P U I L P E B D M T D I M U
L E W C V P A B B S P J L E U A S
C I C I P T W F T R R K G K S G T
A B P I S L L A B H S O O K X C E
S R B H N Z Z D X Q Z C T B O R
E A V P X O J M E O F S I W N P V
N B R W Q S S L R I G E C I P S I
K T E E K G X W U W X Q I X I S D
O G E L P E N S S E J B B G N H E
T E N R E T N I P U L A I D X O O

FORTY-FOUR

SOUTHAMPTON
SLAVE
REBELLION
VIRGINIA
PERIOD DRAMA
CANADIAN
NATE PARKER
NOMINATION
OSCAR
SUNDANCE
FILM FESTIVAL
GEORGIA
FOX
SEARCHLIGHT
PICTURES

BIRTH OF A NATION

```
T H G I L H C R A E S Y F M I I J
E V A L S X A P O S K J M F B G V
Y N S M G C R R W Z O X M I A P P
W O H T S D H F K S G H T A M T S
Q T U O H Z L P P K G X I S A F U
I P E K H Z R J H G T G O T R I W
X M C G U C I T V R R R F F D L N
N A N B P Z U N W O F M O F D M O
O H A S I R X I E K U K C P O F I
I T D D C N M G J X M V P F I E T
L U N Z T A J R Q D J S D R R S A
L O U K U U N X R L P A T Q E T N
E S S M R K N A I D A N A C P I I
B Y K Y E I B Y O M I C F I R V M
E Q D D S U F E V I R G I N I A O
R D D J Z Q D E G Z I I Q M C L N
Z Z K M R E K R A P E T A N L M R
```

FORTY-FOUR

FORTY-FIVE

ZODIAC
ARIES
PISCES
TAURUS
GEMINI
CANCER
AQUARIUS
CAPRICORN
SAGITTARIUS
LIBRA
VIRGO
LEO
STAR SIGNS
SCORPIO
HOROSCOPE

STAR SIGNS

```
Z R U F Z R V O P F S J W X X J W
H U A R I E S R Q D U C A R I D F
O M H W Y Z A Z C M I U A A O W K
R E C S G C Z A K K R Y B N H M G
O L V I V W P M S S A U Y O C U I
S I W Q R R Q T U I T Y G H E E C
C B H W I Z D G R U T V B X B L R
O R I C F M N U U J I X N M X T A
P A O O U G H O A S G J H L U W Q
E R R B L T U G T O A L V Y A Z U
N G R O X D O T Y M S U U Z E O A
Y E L B S R B S C O R P I O Q D R
N M Q X G O J O G R I V B J I I I
Y I R C T Q B P S E C S I P M A U
V N H B B F N D O R A O K D S C S
X I U V D P Y P K A L T P X Y L E
S T A R S I G N S L C T W E U Z P
```

FORTY-FIVE

FORTY-SIX

BEN HUR
EAST OF EDEN
FORBIDDEN PLANET
GIANT
GODZILLA
HIGH NOON
OTHELLO
ROMAN HOLIDAY
SABRINA
SHANE
THE BIG HEAT
THE LADYKILLERS
THE MUMMY
THE QUIET MAN
WAR OF THE WORLDS

1950s FILMS

```
R Z M E Z D S T P F Q C Z X D T L
U E W M G F D E B S B Q A E I A K
H G A E O T L N U R S B C X X E K
N S N E D D R A Z E D Y A N H H A
E X I A Z H O L Z L X A H O L G K
B Z R S I C W P F L D D M O X I S
H B B T L B E N W I T I O N N B H
I Y A O L Y H E B K K L B H V E A
L M S F A Q T D Z Y V O E G O H N
I M K E P E F D L D D H L I Y T E
X U K D V F O I V A F N X H C J T
Z M Z E J G R B W L N A J V D N W
L E P N Q F A R G E N M U D A Y Z
F H I C O Y W O Y H N O S I M E D
C T B M T W P F C T D R G S I P R
N A M T E I U Q E H T O W D T K Y
Q S P B I T F Z Y O T H E L L O W
```

FORTY-SEVEN

BLISS
CHEERINESS
CONTENTED
ELATION
ENJOYMENT
EUPHORIA
GAIETY
GLADNESS
GLEE
JOLLY
JOVIALITY
JOYFUL
LAUGHTER
MERRIMENT
PLEASURE

HAPPINESS

R E T H G U A L O K U Y T V D C H
N L V S G W V N P X J O Y F U L R
O F R J S E L E R P R Z Z X O Y U
I T I R E E L G L A D N E S S H I
T K O L A Y N R I J S F D N L S I
A L G T G V S I D E W Z F D M B Q
L O O N V U N P R G A I E T Y A L
E H H E T O R L V E J B X C D V L
W C L M L Y X E C O E S I E T I T
U O R I L T S A N V N H E D E E N
C N G R Y I W S S N I L C C U L E
K T R R R L Q U I A Y Q U P B K M
W E P E D A O R G L N D H E E T Y
U N Z M S I J E L T B O L B W N O
G T U M B V T O P Q R C Y O W E J
R E W N J O J U C I R W P T I M N
R D L Z M J F P A O G J N R P M E

FORTY-SEVEN

FORTY-EIGHT

CENTENARY
ONE HUNDRED
CELEBRATIONS
TELEGRAM
THE QUEEN
LONG LIFE
AMAZING
WONDEROUS
FANTASTIC
GENERATIONS
GRANDPARENT
GREAT
OLD AGE
SENIOR CITIZEN
SPECIAL DAY

TELEGRAM TIME

```
T W M A R G E L E T Y S G V R Y F
N W R F A N T A S T I C I C I U F W I
E H O Z S Q K D E C F C X H R I N
R W T H Z P Z Y I Q W J O R C B Y
A W A S I O E K H F Z M P O E K K
P O M M F I B C N N Q T B Z L Q D
D N A H Y S N O I T A R E N E G U
N D Z Y Z N H E J A H H P J B P R
A E I C Z C F K E V L S V I R E T
R R N H Z I X M J G V D I E A N X
G O G Z L H D T H I A Q A E T F F
S U O G O F V K O X E D K Y I C Q
M S N T A E R G H C H Z L F O A X
E O D E R D N U H E N O Y O N G N
L Y R A N E T N E C H Z O I S R I
N I T W S E N I O R C I T I Z E N
B M R H Z P N E E U Q E H T X K L
```

FORTY-EIGHT

FORTY-NINE

INDEPENDENCE
LIBERTY BELL
PHILADELPHIA
CONGRESS
DECLARATION
COLONIES
FEDERAL HOLIDAY
PATRIOTIC
PYROTECHNICS
ALLEGIANCE
BOSTON
CHARLESTON
JEFFERSON
PLEDGE
JOHN ADAMS

HAPPY BIRTHDAY USA

```
G R P I N D E P E N D E N C E X N
Y M M J A S C G E O M K X E R C L
A L A R S X N Q L I I Z E K V V P
D P I U M C A J L T R G B X S T G
I S H G A O I G E A N Z B C E S A
L E P Z D N G D B R U G I I Q T V
O I L J A G E Y Y A X N J J C E T
H N E G N R L B T L H H Z F I O C
L O D P H E L O R C Z E X L K J H
A L A L O S A R E E D H T X V W A
R O L E J S B T B D Q O B Q Z A R
E C I D P W O C I T O I R T A P L
D I H G C R S W L B G R C G U S E
E X P E Y Z T Q S E K H R W L Q S
F W A P F A O X K F Z K W A B C T
L M H G D Q N E A Z Z B A P Z T O
S I Z P Z C J E F F E R S O N H N
```

FIFTY

YOU MAKE
ORDINARY
MOMENTS
EXTRAORDINARY
IT IS AN
OPPORTUNITY
TO LET
YOU KNOW
HOW
VERY
SPECIAL
YOU ARE
TO ME
HAPPY
BIRTHDAY

BIRTHDAY MESSAGE

```
Z O H Y N C O P P O R T U N I T Y
H V A S R E D T P W C F A H E Y E
U P P P X N A S I T I L G I R B S
C B P E Y A D H T R I B Z I T L H
Y V Y C P T O B J O A H Z T O F N
R D I I T E Q T O M E A V L H N E
A N P A M D O S M E J W W I A I R
N O D L F Q F V S T N E M O M B C
I Z S W Q B Z H O U K X U L B L J
D Y Y O U M A K E T Z P S U I Q O
R O L P V Y O L O W E C N L Q R A
O U J E S S E L O R D Q V B D N M
A K L K I E E H A R P Y N I P I J
R N S Z G T E U V E R Y N E L S E
T O M J Y Y O F A P L A P E X J R
X W J B X Y N F H Q R U P T V D K
E O H Z T J K F C Y I H Q I I F D
```

FIFTY

SOLUTIONS

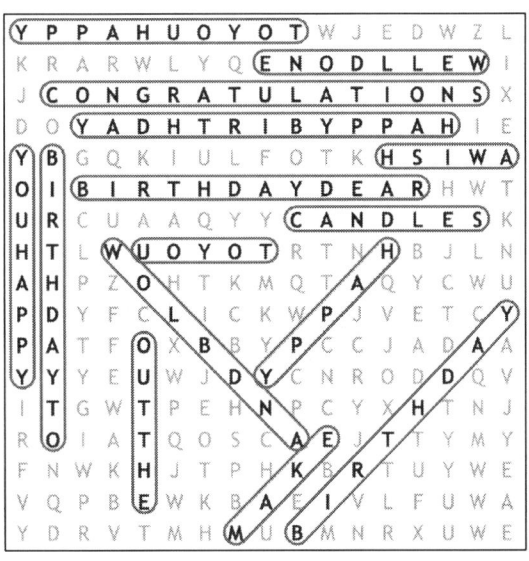

1

2

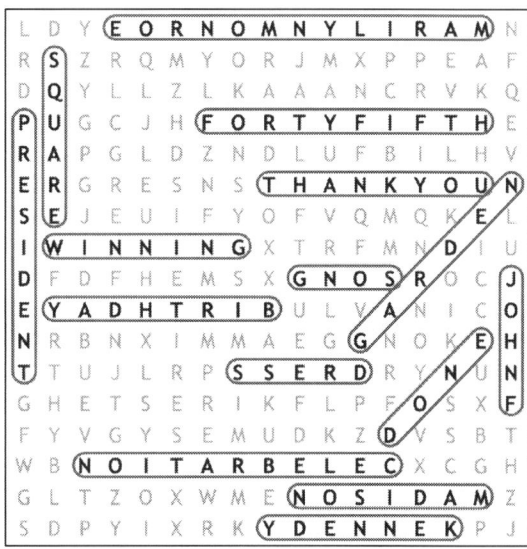

3

4

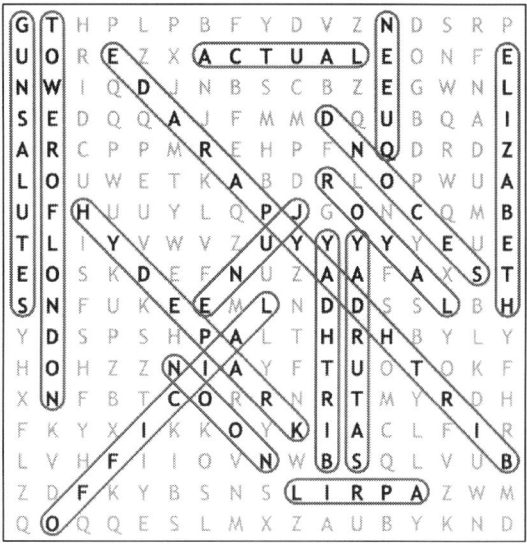

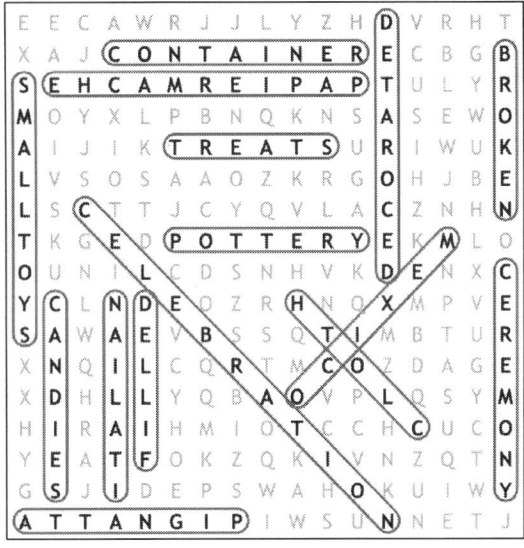
5

COUNT YOUR
AGE BY
FRIENDS
AND YOUR LIFE
BY SMILES

BIRTHDAY
WORD SEARCH

SOLUTIONS

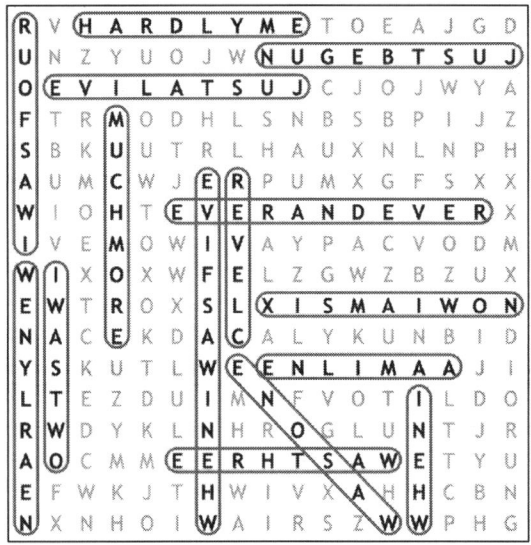

6 ☞

7 ☞

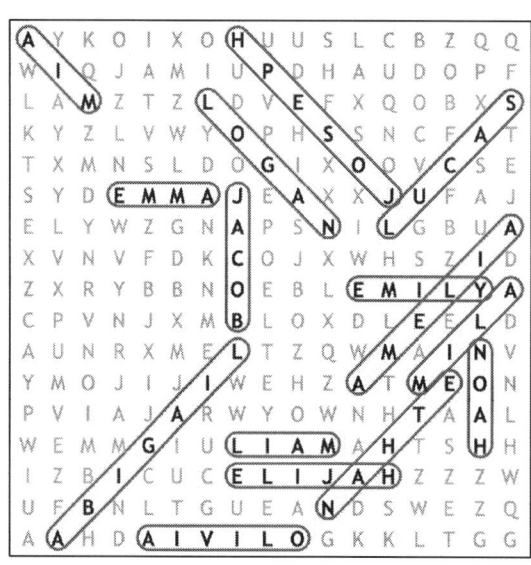

8 ☞

9 ☞

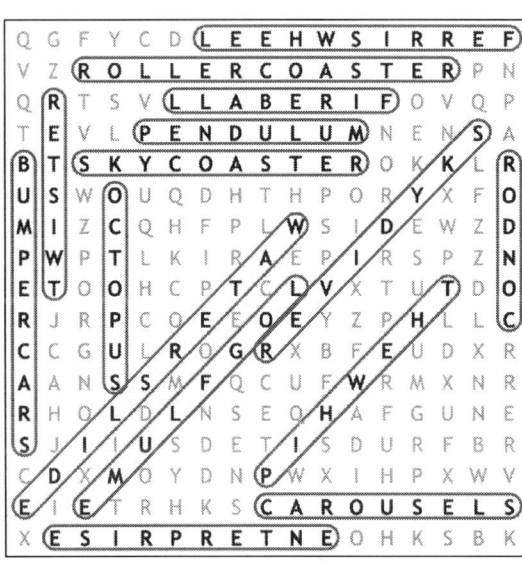

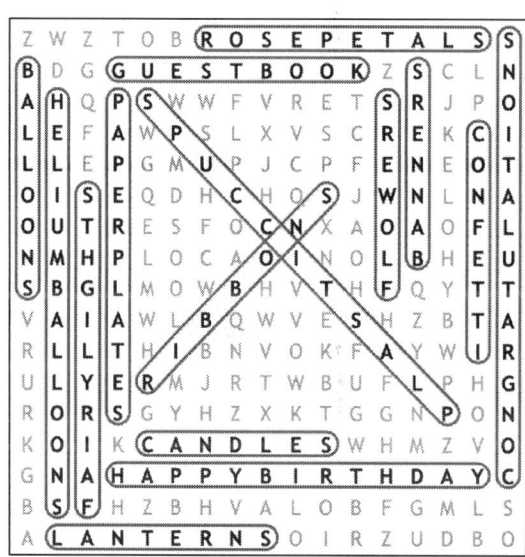

10 ☞

BIRTHDAY
WORD SEARCH

SOLUTIONS

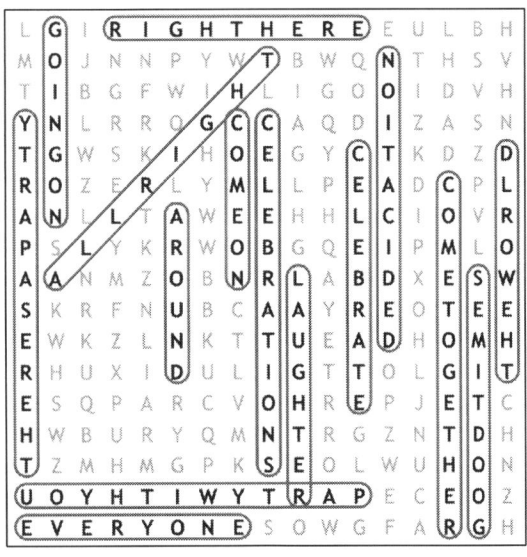

11 ☞

12 ☞

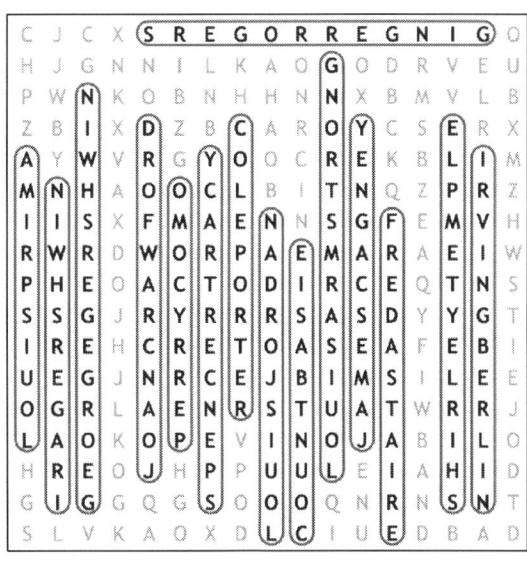

13 ☞

14 ☞

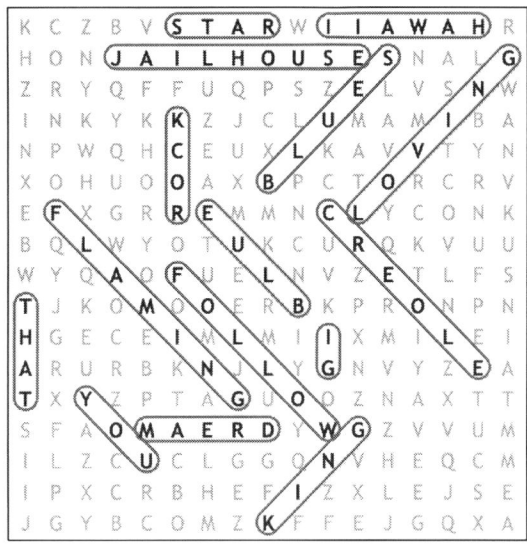

15 ☞

BIRTHDAYS
ARE THE
FEATHERS IN
YOUR WINGS

BIRTHDAY
WORD SEARCH

SOLUTIONS

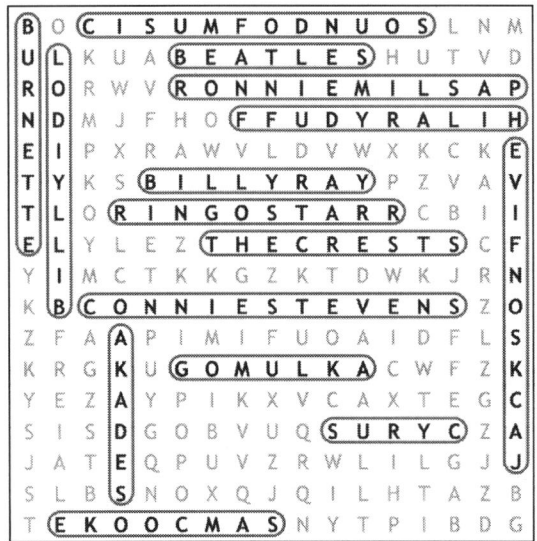

16 ☞

17 ☞

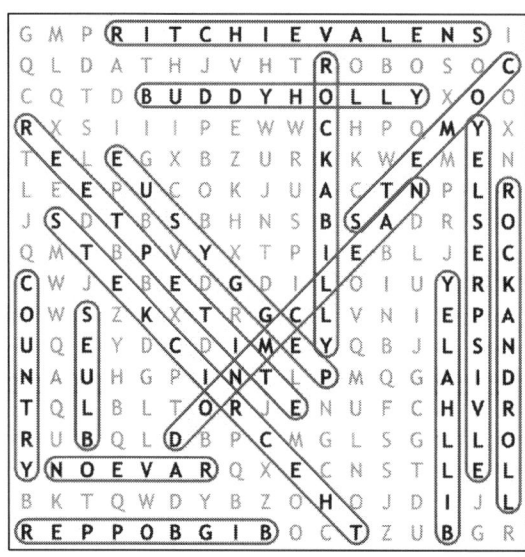

18 ☞

19 ☞

20 ☞

BIRTHDAY
WORD SEARCH

SOLUTIONS

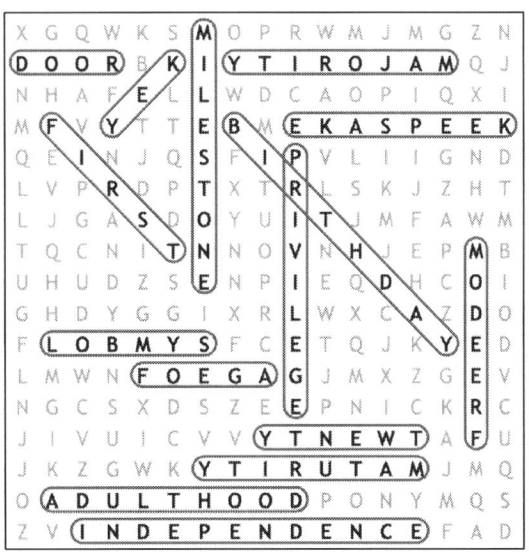

21

22 ☞

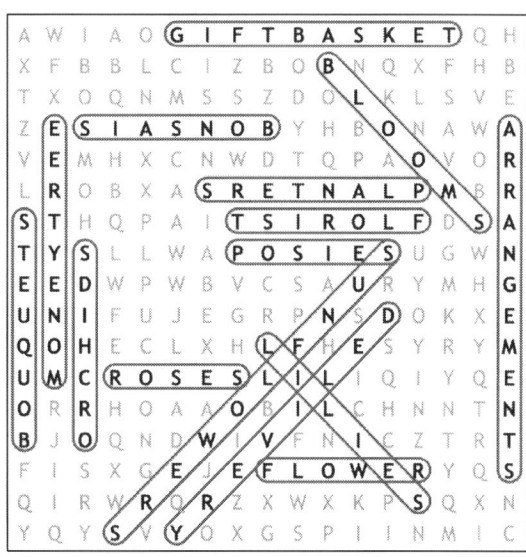

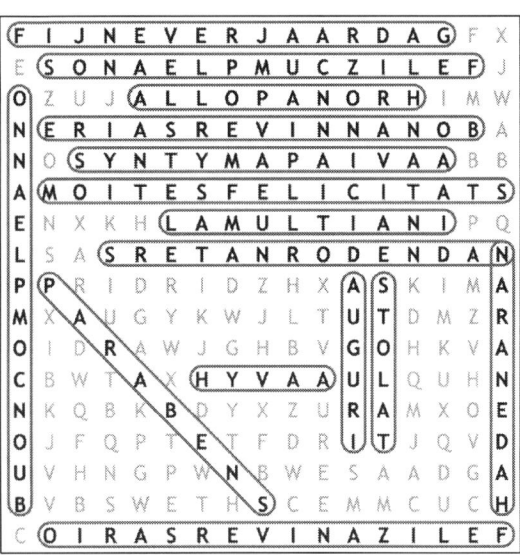

23 ☞

24 ☞

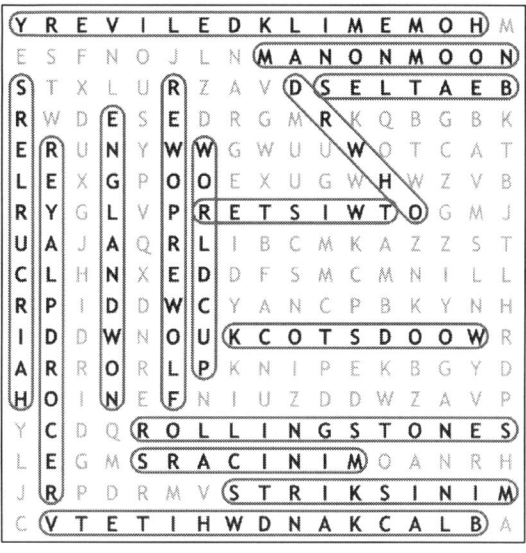

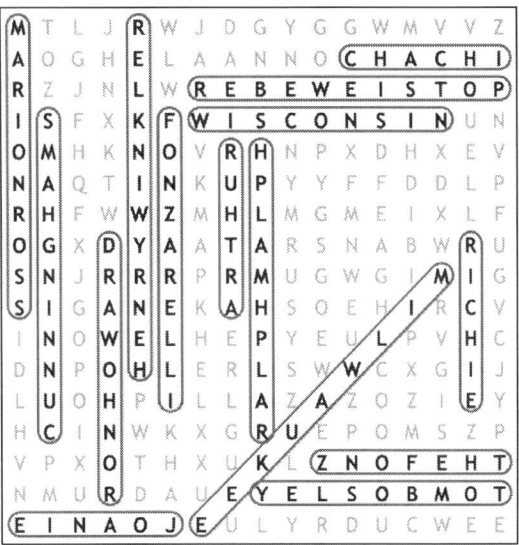

25 ☞

EVERY DAY IS
A GIFT

BIRTHDAY
WORD SEARCH

SOLUTIONS

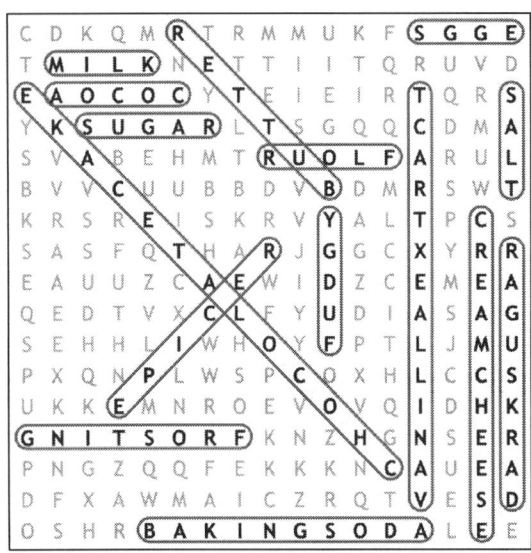

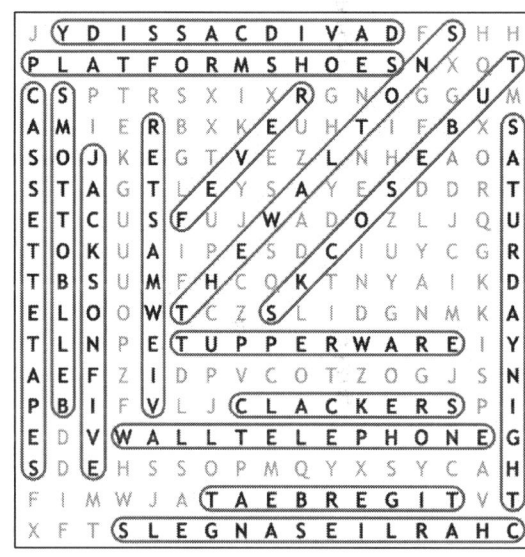

26 ☞

27 ☞

28 ☞

29 ☞

30 ☞

BIRTHDAY
WORD SEARCH

SOLUTIONS

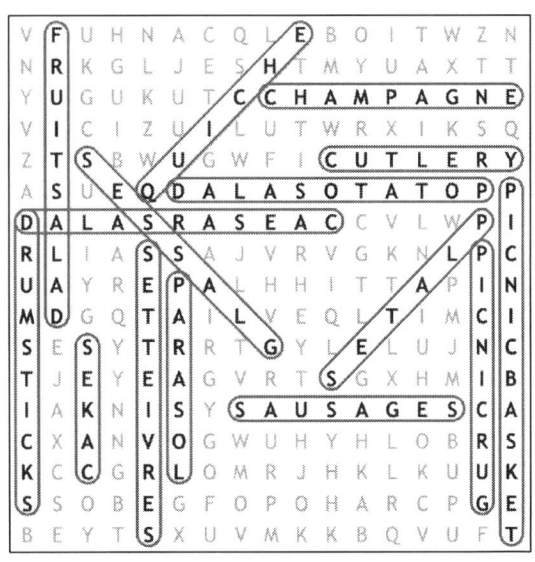

31 ☞

32 ☞

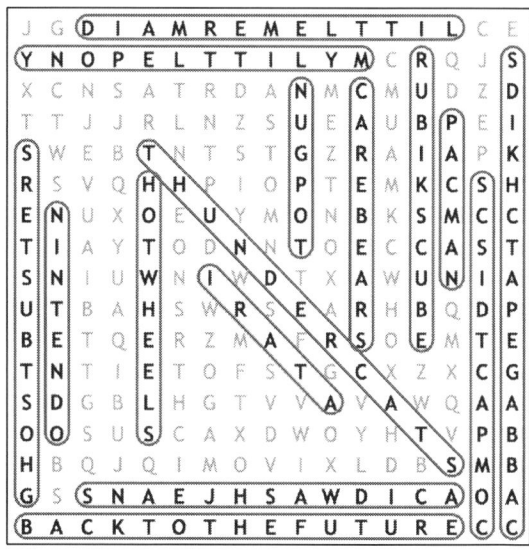

33 ☞

34 ☞

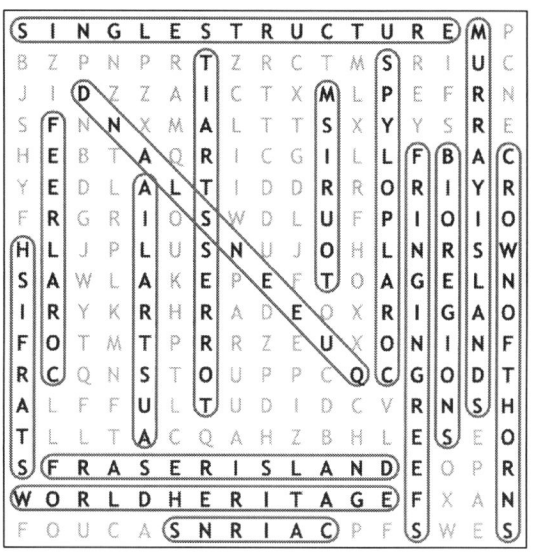

35 ☞

LONG LIFE
AND
TREASURE,
HEALTH AND
PLEASURE

BIRTHDAY
WORD SEARCH

SOLUTIONS

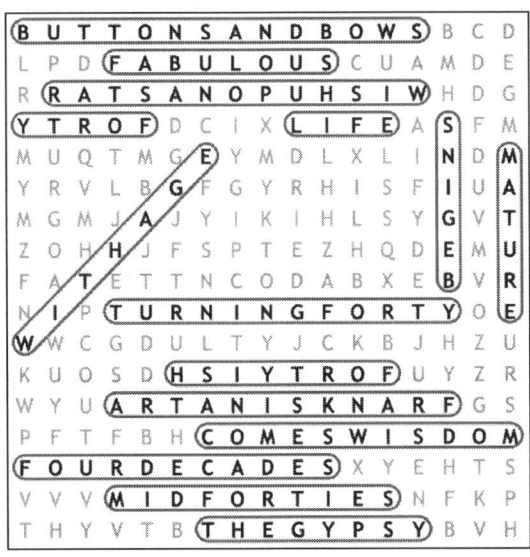

36

37

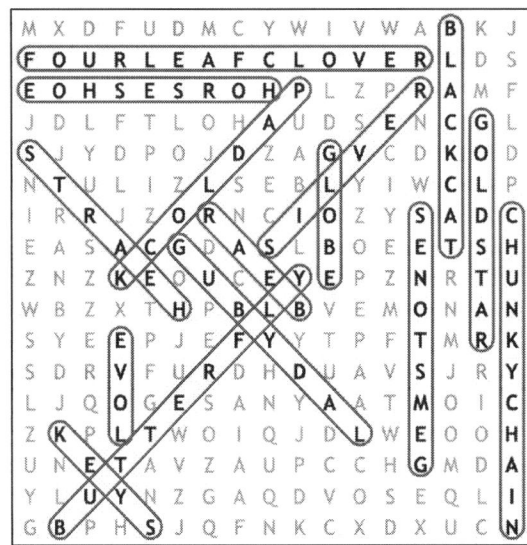

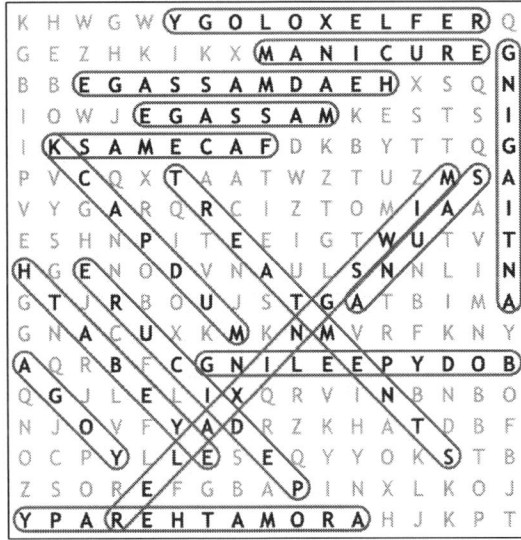

38

39

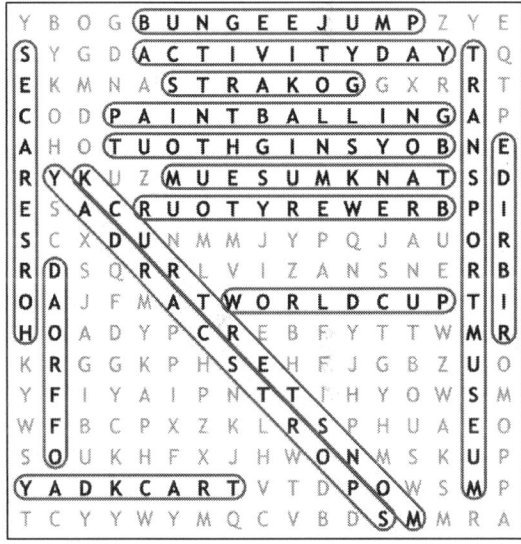

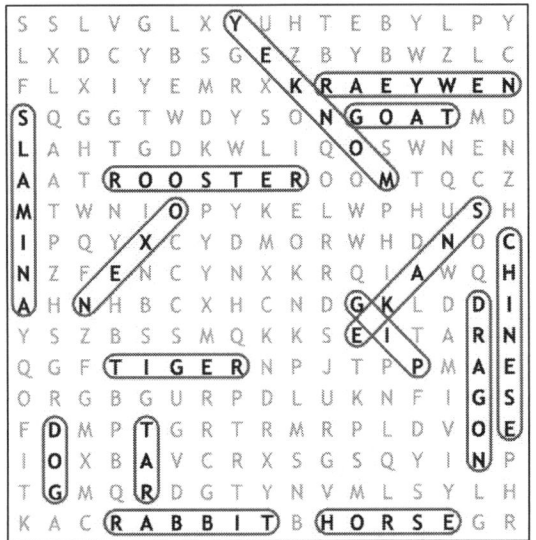

40

BIRTHDAY
WORD SEARCH

SOLUTIONS

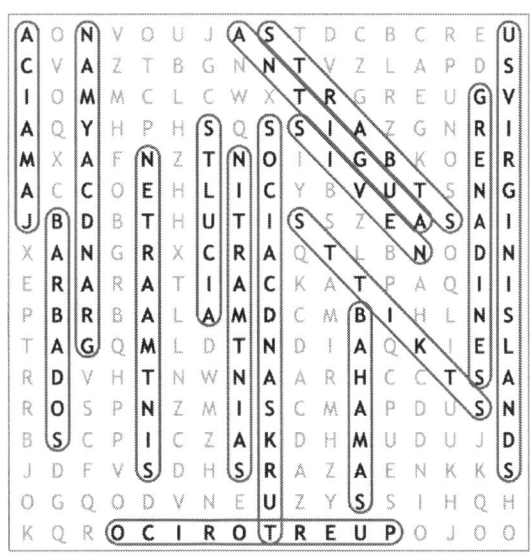

41 ☞

42 ☞

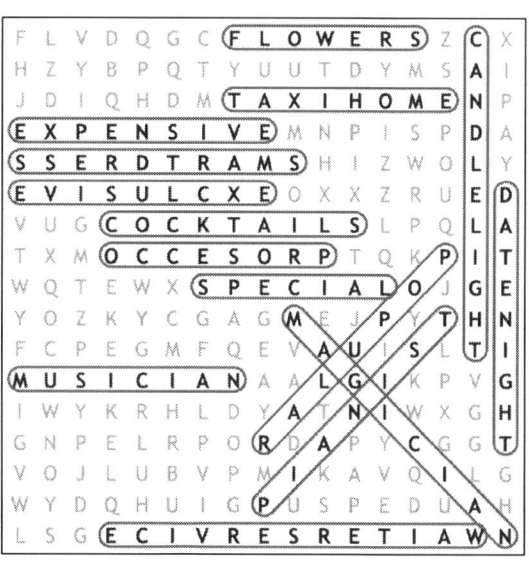

43 ☞

44 ☞

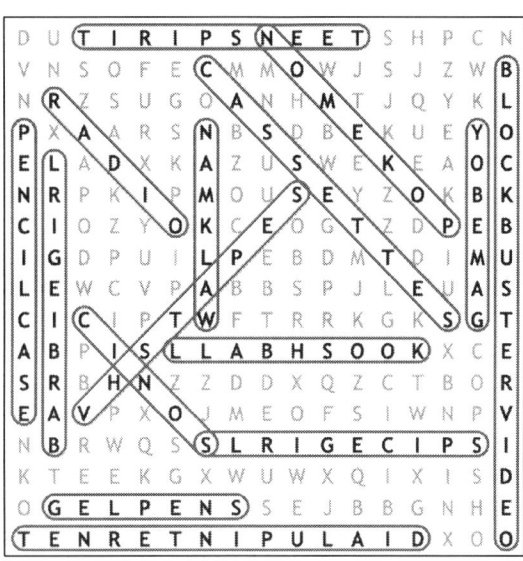

45 ☞

A BIRTHDAY
COMES BUT
ONCE A YEAR
SO CELEBRATE
AND BE OF
GOOD CHEER

BIRTHDAY
WORD SEARCH

SOLUTIONS

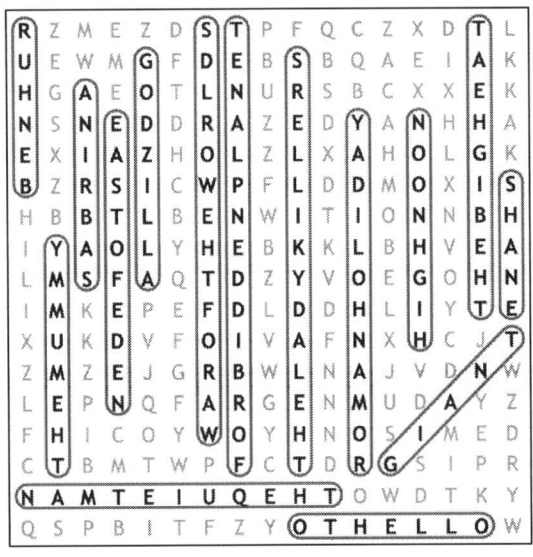

46 ☞

47 ☞

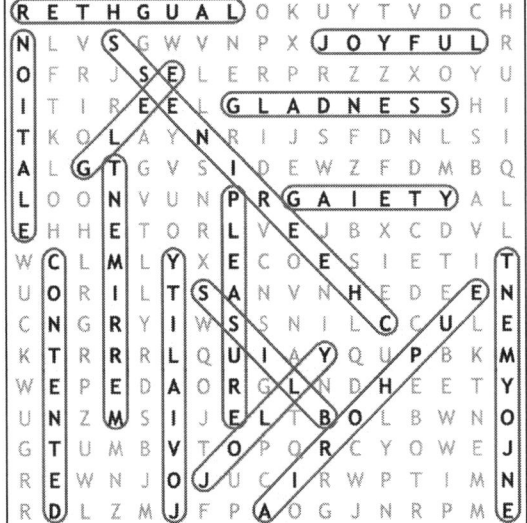

48 ☞

49 ☞

50 ☞

BIRTHDAY
WORD SEARCH

THANK YOU

PLEASE HELP OTHERS TO DISCOVER THIS BOOK BY GIVING IT A REVIEW ON AMAZON. WE THINK EVERYONE WILL ENJOY THIS BOOK AND YOUR REVIEW CAN MAKE ALL THE DIFFERENCE.

YOU CAN VISIT FREEDOMPUZZLES.COM OR SEARCH AMAZON FOR "FREEDOM PUZZLES" TO FIND OTHER BOOKS INSPIRED BY YOUR FAVORITE FILMS, TELEVISION SERIES AND POPULAR CULTURE.

freedompuzzles.com
amazon.com/author/freedompuzzles

BIRTHDAY
WORD SEARCH

Manufactured by Amazon.ca
Bolton, ON